MAÍRA LOT MICALES

Pinte ANIMAIS, FORMAS, NÚMEROS, LETRAS e CORES

LIVRO DE COLORIR

Caminho Suave

COLORINDO E APRENDENDO

RECADO AOS PAIS, PROFESSORES E CUIDADORES

Você tem em mãos um livro de colorir único. Seus desenhos foram cuidadosamente selecionados para crianças que se iniciam no delicioso mundo de colorir, sendo possível usar giz de cera, lápis de cor e aquareláveis. As ilustrações irão reforçar conceitos que as crianças já começaram a aprender no berçário, nos livros infantis e na escola, além de introduzir de uma forma bem suave temas fundamentais: ANIMAIS, FORMAS, NÚMEROS, LETRAS e CORES. A ideia é que, a partir da pintura, a criança possa guardar referências mentais que lhe serão úteis posteriormente, durante o aprendizado.

Agora, o mais importante é que a criança se divirta, use a criatividade e solte a imaginação. Assim, é recomendável deixá-la livre para fazer as atividades na medida de suas habilidades. Também é fundamental, claro, que possamos estar por perto para ajudá-la quando surgirem as curiosidades, vivenciando ricas experiências de interação.

Enquanto a criança pinta, ela desenvolve habilidades motoras finas e de coordenação visual. Logo, não espere que a pintura fique perfeita ou bonita para os seus padrões. É importante respeitar o tempo de evolução, que é particular a cada criança.

Como mãe e autora de livros infantis, acredito que o aprendizado é enriquecido quando há diversão. Então vamos imaginar, pintar e brincar!

Maíra Lot Micales

Se um pinguinho de tinta cai num pedacinho azul do papel
Num instante imagino uma linda gaivota a voar no céu

(Trecho da música *Aquarela*, Toquinho)

Grafia conforme o novo Acordo Ortográfico da Língua Portuguesa.

1ª edição, 2021.

Editores: Jair Lot Vieira e Maíra Lot Vieira Micales
Coordenação editorial: Fernanda Godoy Tarcinalli
Revisão: Brendha Rodrigues Barreto e Thiago Santos
Diagramação e capa: Karine Moreto de Almeida
Ilustrações: p. 16 (ninho): Designed by babysofja / Freepik; p. 22 (boneca), p. 34 (colmeia), p. 37 (dinossauro), p. 41 (hipopótamo), p. 47 (navio), p. 60-61 (arco-íris) e p. 64 (flamingo e caranguejo): Designed by Freepik; p. 35 (balão): Designed by brgfx / Freepik; p. 52 (sapo): Designed by pikisuperstar / Freepik; p. 56 (windsurfe): VectorStock; p. 58 (raposa): Tetiana Lazunova; p. 62 (gato e porco): Designed by catalyststuff / Freepik; p. 63 (girafa): Designed by Wannapik / Freepik; demais ilustrações: Marília Bruno e Karine Moreto de Almeida
Impressão: Paulus Gráfica

Dados Internacionais de Catalogação na Publicação (CIP)
(Câmara Brasileira do Livro, SP, Brasil)

Micales, Maíra Lot.

Livro de colorir Caminho Suave : colorindo e aprendendo / Maíra Lot Micales. – 1. ed. – São Paulo : Caminho Suave, 2021.

ISBN 978-65-86742-08-4

1. Aprendizagem motora 2. Literatura infantil 3. Livros para colorir I. Título.

21-58844 CDD-028.5

Índice para catálogo sistemático:
1. Livros para colorir : Literatura infantil : 028.5

Maria Alice Ferreira – Bibliotecária – CRB-8/7964

Caminho Suave Edições
São Paulo: (11) 3107-7050 • Bauru: (14) 3234-4121
www.caminhosuave.art.br • edipro@edipro.com.br
@editoraedipro @editoraedipro

ANIMAIS

CACHORRO

GATO

MACACO

LEÃO

COBRA

BORBOLETA

PASSARINHO

FORMAS

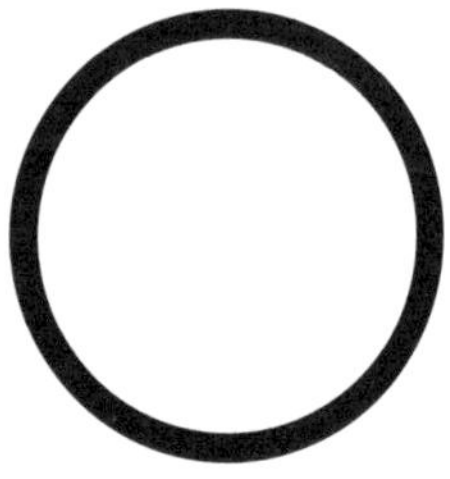

CÍRCULO

QUADRADO

TRIÂNGULO

RETÂNGULO

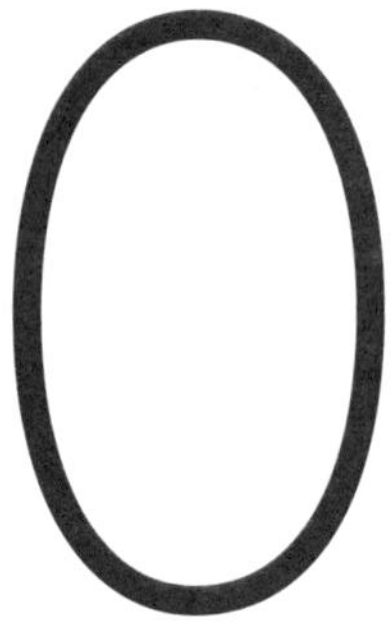

OVAL

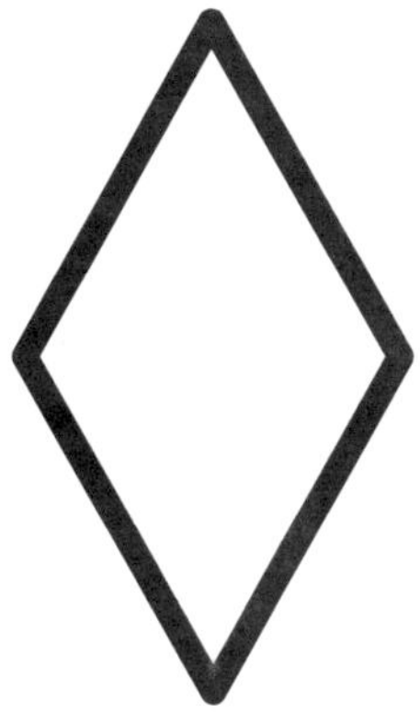

LOSANGO

CORAÇÃO

ESTRELA

4 9

8

NÚMEROS

7

6 5 2

1

1

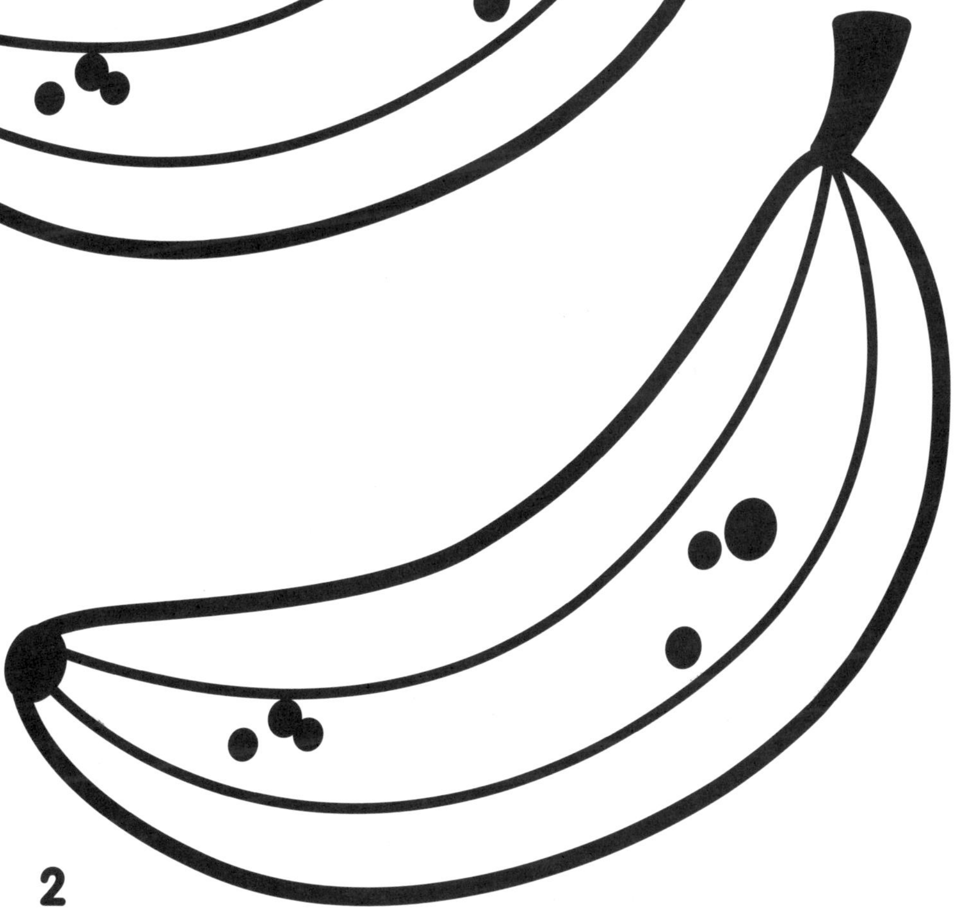

2

3

1

2

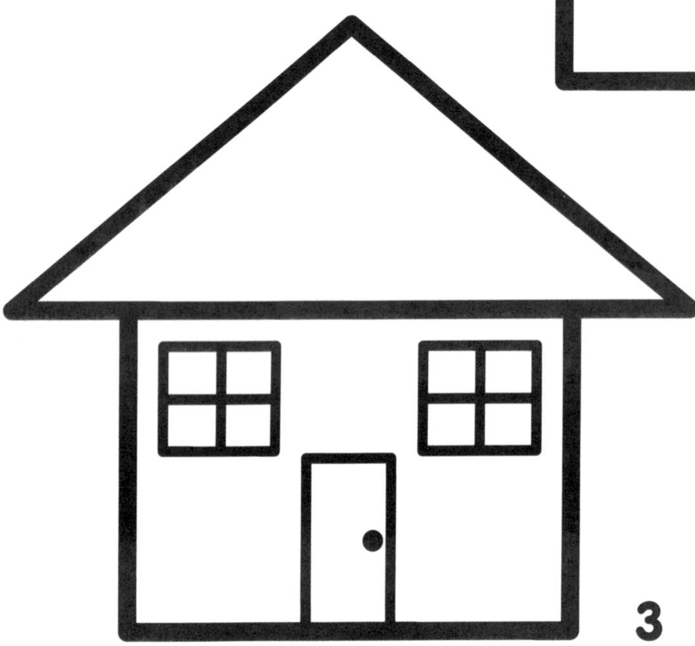

3

1

2

3

4

4

5

1

2

3

4

5

6

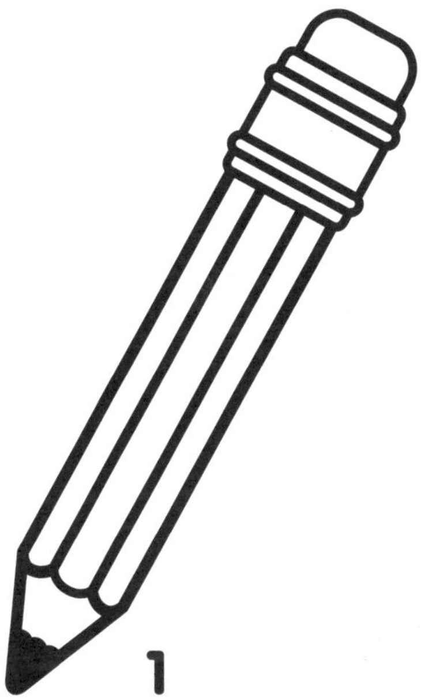

1

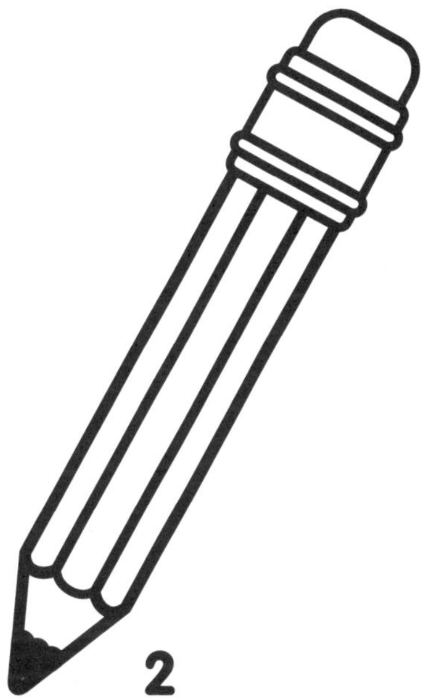

2

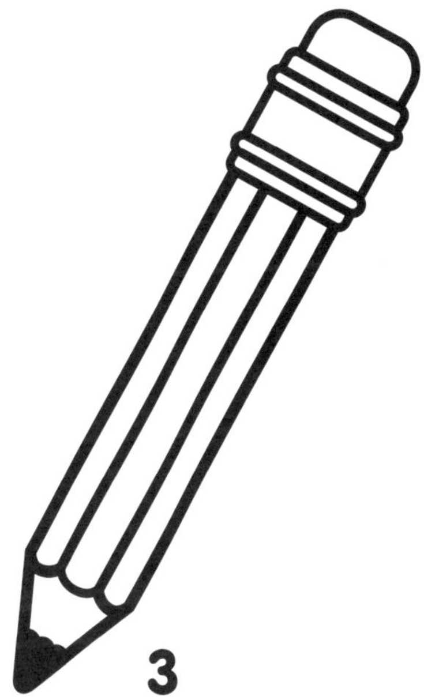

3

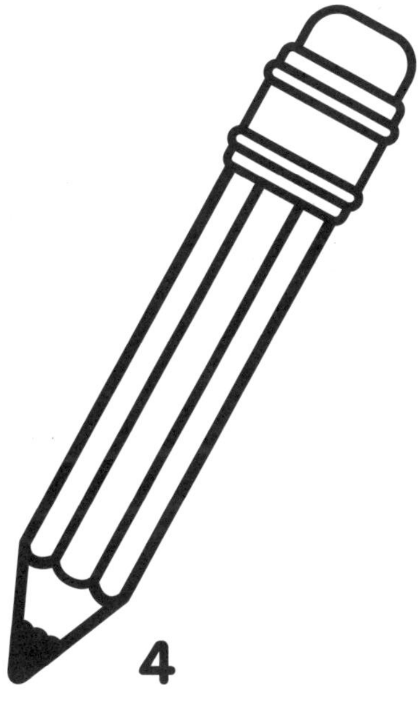

4

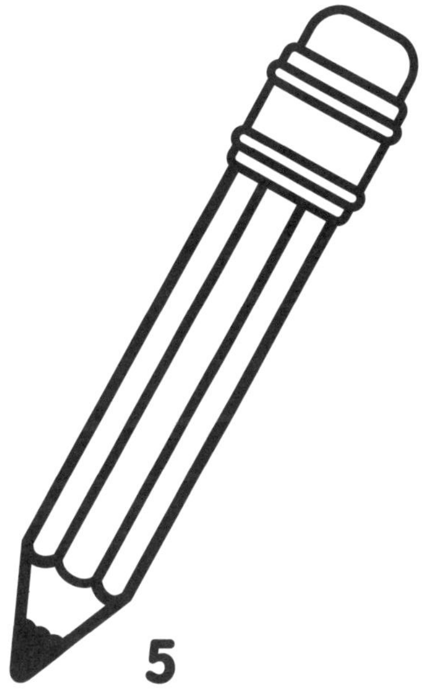

5

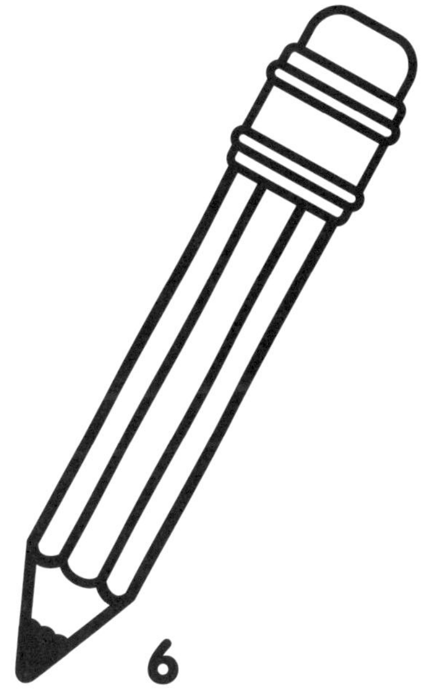

6

7
1
2
3
4
5
6
7

1
2
3
4
5
6
7
8
8

9

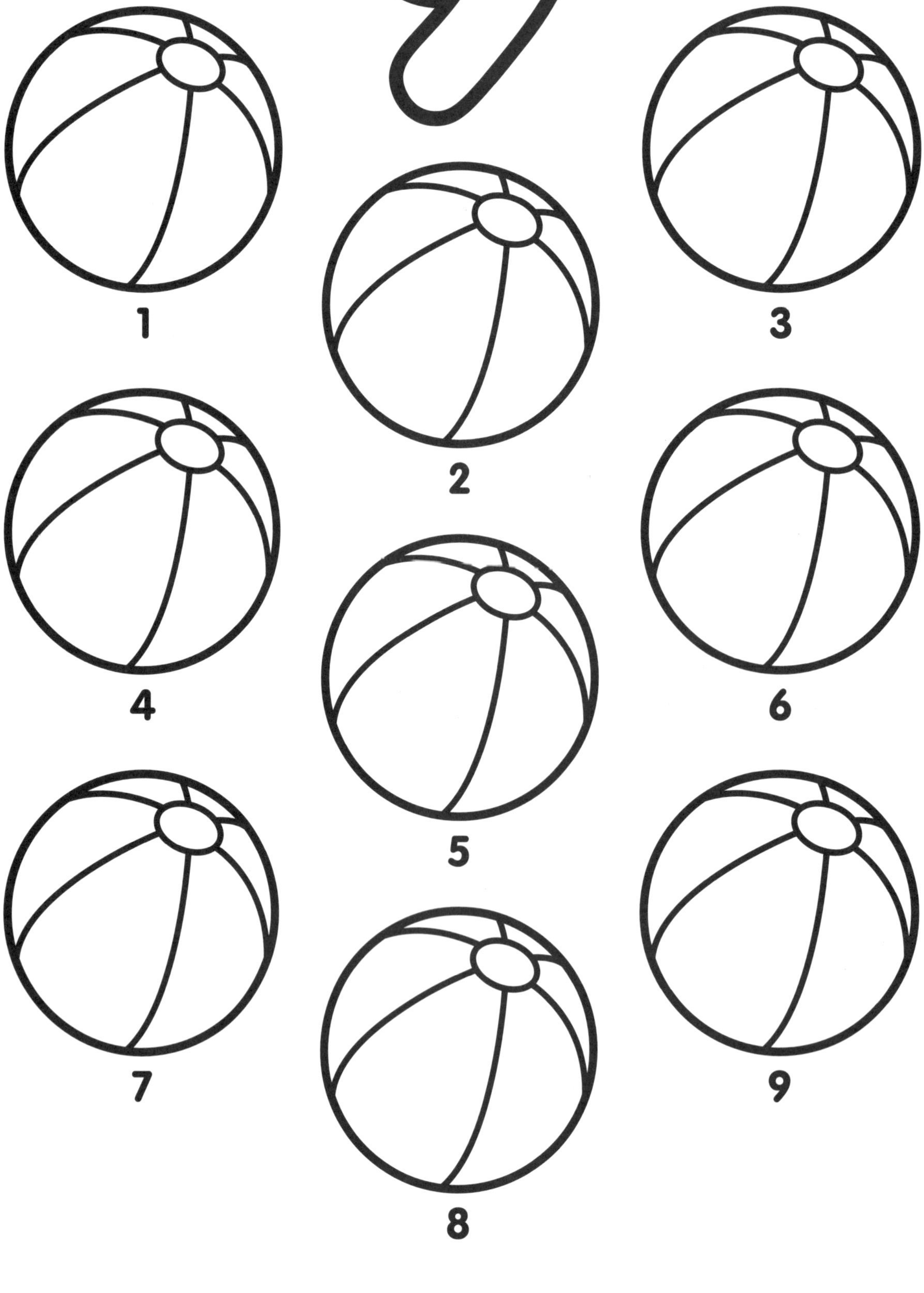

10
1
2
3
4
5
6
7
8
9
10

LETRAS

R S T U Y W X Z

A

ABELHA

B

BALÃO

C

COELHO

D

DINOSSAURO

E

ELEFANTE

F

FOGUETE

GUARDA-CHUVA

H

HIPOPÓTAMO

I

IGLU

J

JACARÉ

K

KART

L

LIVRO

M

MAÇÃ

N

NAVIO

O

ONÇA

P

PEIXE

Q

QUEBRA-CABEÇA

R

ROBÔ

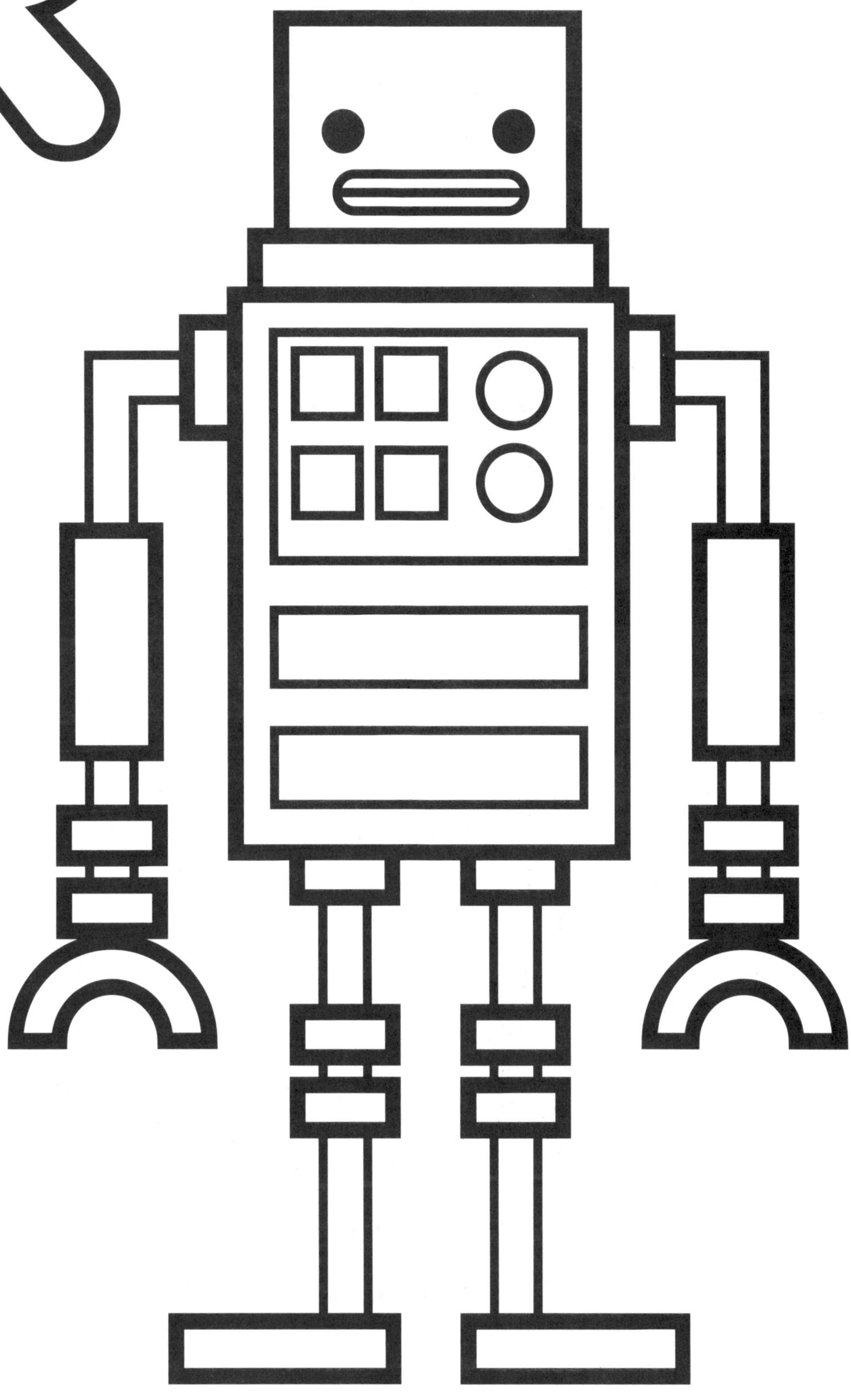

S

SAPO

T

TUCANO

U

UNICÓRNIO

V

VACA

W

WINDSURFE

X

XILOFONE

Y

YOGA

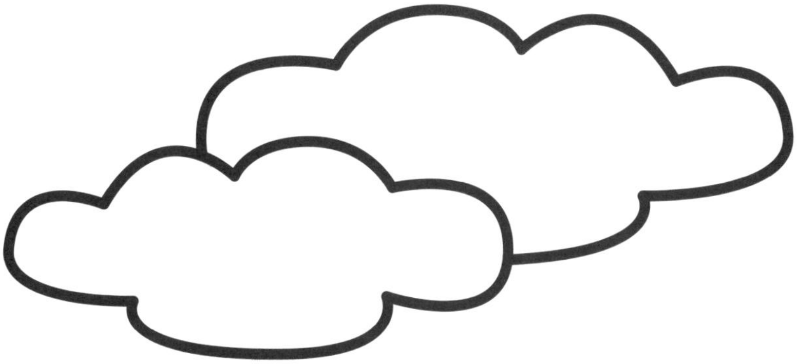

Z

ZEBRA

CORES

VERDE

AZUL

AMARELO

VERMELHO

ROSA

LARANJA